Rumklang
Jonas Gülstorff

Copyright Jonas Gülstorff 2015.

Forlag: Books on Demand GmbH, København, Danmark

Tryk: Books on Demand, GmbH, Norderstedt, Tyskland

ISBN 978-87-7170-282-8

Coverart: Colin Ruel

Korrektur: Esben Schack

Redaktør: Tom Sander

www.jonasgulstorff.com

FSC

®

MIX

Papir fra ansvarlige kilder
Paper from responsible sources
FSC® C105338

www.fsc.org

LYDE

Jeg time-stretcher gennem audiolandskaber
skruer op og ned for knapper
justere på lyde som få opfanger

men de ville straks vide hvis der ikke blev
skruet op og ned, over og hen
sågar sidelæns.

UVISHED

Første take er aldrig det bedste
slet ikke for musikeren der stadig svæver
mellem linjerne i nodepapiret
på jagt efter toner og udtryk

Første take ender ofte på pladen
alle var enige om at det bare var en demo
ingen regnede med at det skulle bruges
derfor, er det næsten altid det bedste.

KNALLERT

Jeg er en del af sample generationen, for os
er kreativitet altid en slags troubleshooting

Jeg har ingen minder om min første knallert
men min første complete download fra Napster.

FARVER

Sporene ligger oven på hinanden
som ordene i dette digt

bas
guitar
trommer

det er ikke tilfældigt hvilken farve
jeg giver instrumenter

bassen er altid brun
trommerne er blå
klaveret er grønt

guitarens farve afhænger af
hvor meget distortion den får.

VOKALER

Lyden skal ud af pappet
det er udfordringen ved vokal produktion

hvis man ikke kan krænge sit inderste ud
er det bedre at lynlåse munden

det vigtigste er ikke renheden af vokalen
men budskabet.

DRIVKRAFT

Nogen brænder for musik
jeg sætter ild til den

genopstår dagligt fra asken
og spiller mikado med natten.

RØDDER

Kvarteret lugter af rockere n' roll
rappere der spytter i mikrofonen
underboens hund der subwoofer
pølsemanden pumper høj tekno
DJen sidder ved sin spinderock
det er her jeg er vokset op.

SESSION

Åbner et nyt vindue
starter en new session

trykker optag og finder de rigtige lyde
hør radiatoren bobler som en frituregryde.

ÅNDEDRÆT

Vejret skal med
hvis historien skal fortælles ordentligt

nogle klipper vejrtrækninger ud eller mixer dem lavt
andre bibeholder ånden fordi den indeholder liv

det kan både lyde unaturligt, eller udmærket
de fleste ligger sikkert ikke mærke til det, men

jeg kan høre forskel på Aguilera og Dylan
blot ved at lytte til deres åndedræt.

OPTAGELSE

Han indspiller cello i mit soveværelse
nummeret handler om skæbnen
jeg beder ham spille harmonisk med guitaren
som om var de skabt for hinanden
det tit når man lige tager en tissepause
at den gode idé kommer flydende.

AD LIBS

Det ikke omkvædet jeg hører
eller beatet der kører derud af

det ikke melodien jeg venter på
når min yndlingssang spilles i radioen

det de små guldklumper der er nøje
udvalgt til at understrenge meningen

ingen feje tips eller tricks
jeg elsker ad libs.

ARBEJDSMORAL

Uopdagede genistreger, tegner toner
membranen vibrerer, kondensvand opstår
mennesker flyder ind i hinanden, uden sprog

knivskarp balance mellem respekt og flirt
et nedladende ego-boost
du skal tro at du er noget, ikke

jeg giver stykker af mig selv for at få noget igen
alt inden for rammen, til puslespillet passer
eller jeg falder død om på scenen, ligesom Passer.

VALG

Man vælger tidligt om det skal være fire eller seks strenge
om man vil imponere piger eller drenge

skal instrumentet hænge helt nede ved knæene
eller midt på brystet mens du brummer

blodige fingrebånd eller hård hud
overtoner eller bund

tynde strenge
bred kost.

FORMEL

De troner i deres studie et sted i København
skruer højt op for bassen, og taler
om gamle dage, for en kort stund
dengang de styrede verden, og
verden drejede den rigtige vej
de følger en ældgammel formel
hits, piger og champagne
de har glemt alt om sulten
der drev dem fremad
nu jagter noget de noget
de aldrig har haft, og det
er forbandet svært at finde.

PRISER

Guldpladerne på væggen kaster glans
over badeværelsets manglende vindue

her hænger prisen fra sladderbladet, og den fra
ungdoms magasinet der ikke eksisterer mere

den fine planke fra Foo Fighters, til minde om
at man ikke fik jobbet, men lærte at foo-handle

halvdelen har mit navn stavet forkert
to af dem vil jeg slet ikke kendes ved

i dag får man et print af det digitale salg
knap så sexet som vinyl dyppet i guld.

EXPORT

Den sjæl vi har lagt i musikken
brydes ned i koder
flyver med satellitter
kravler under jorden
for at genopstå et andet sted.

SMØR

Det svært at sige hvordan man
kan lave god en plade, og bagefter
fuldstændig miste sit talent, men
når man synger for smør på brødet
sætter det sig tit på stemmebåndet.

Jeg har købt ind til aftensmad
med penge jeg har tjent på ringetoner.

NATMAD

Madam blå kaffekander og tomme tallerkener
fra aftenen før, afslører pladens form

en tung pizza med ansjoser giver ikke bare en
dyb basgang, men en ukoncentreret rumlen

men hjemmelavet mad der har simret i flere timer
og langsomt spredt sin duft i studiet

leget med ens næsebor som en lystig groupie
får alle til at yde deres bedste.

FÆLLESSANG

Jeg finder på ord som skal på andres læber
altså, det publikum skal synge med på

når det lykkedes, og jeg ser dem i koncertsalen
så er det lidt ligesom at være dukkefører.

IMPORT

Vi sender tracks gennem internet kabler
den ene sover, mens den anden gaber
godmorgen er ikke længere nødvendigt
vi arbejder døgnet rundt, gennem tidszoner
han sender mig filer som jeg afkoder
først et par improviserede takes
to med det han selv bedst kan lide
og et som lyder helt henne i vejret
jeg klipper det og trykker import.

OVERBLIK

Fjerner støj fra indspillet virkelighed
teknologien findes allerede

måske kan vi en dag fjerne al støj fra hele verden?

hver en white og pink noise gemmes væk
i Irma kagedåser, købt ind til projektet.

POPMUSIK

Når jeg klipper med saksen
er det mig der bestemmer
opbygning eller helt stille
vejrtrækninger der slipper
finger pickin' der plukkes
pitch forsmukkes
som gayparade vælter musikken
ud: I'm pop and I'm proud.

SIDE B

YouTube DJ'en loader endnu et vindue
streamer strømligninger fra nettet
vi forstætter i samme rille

Der var engang, hvor vi under samleje
skiftedes til at vende grammofonpladen
nu kører det hele bare på repeat.

REVERB

Jeg åbner tracket og hører med det samme
at han står i det forkerte rum

selvom det lød godt da computeren blev slukket
transformeres musikken magisk i mørket

når en plade er mixet i dagslys
lyder den anderledes om natten

jeg flytter ham med et enkelt klik, så man
igen kan høre stearinlysene dryppe.

EKKO

Alt jeg siger skal auto-tunes i dag
kor og stemmer, spise jeg glemmer
cursor derudaf, i farvede felter
delay i den virkelige verden
fuck af...af...af...af...af...af

BREAKS

Første vers, bro, omkvæd, andet vers, bro, break, omkvæd
måske endnu et omkvæd til sidst, så alle kan synge med
men breaket er det vigtigste

som en pause i et parforhold, forsvinder hele verden
alt det du havde bygget op, og sunget med på, er væk
hvis man er heldig kommer det tilbage, stærkere end før.

PERFEKTIONISME

Hun synger ind i ryggen på mine bøger
udkrænger sin sjæl. Det sner udenfor.
vi sigter efter den rigtige feeling

Gentagelser fra i går, intet nyt under pulten
kablerne hænger i luften og gør sig klar til lykke
vi sigter efter det højeste C.

SAVE

Det var perfekt
det var en fejl
lidt for meget
og så var det væk
fordi nogen glemte
at trykke save.

Mit liv var i shuffle før Steve Jobs opfandt knappen.

MÆLKEKASSER

Da jeg var knægt gik vi på jagt
i pladebutikkernes mælkekasser
efter trommer uden hi-hat og
syv sekunders acapella vi kunne stjæle
strygere som kunne speedes op
og lægges under et tungt beat
med blæsere og boogie horn
alt andet end mælk kunne samples.

SØNDAG

Står og blomstrer på Enghavevej
Trentemøller henter øller i kiosken til mig
Rasmus synger hash eller gas
Det akustisk Søndag på Enghave plads

Trolle synger den med de søde hunde
barndomskæresten læser Brandt digte op
Pato tager sin mundharmonika frem
mens Dullen og Filur synger kor.

HØJTIDER

Jeg tænker på den jul hvor vi aftalte at det var slut
med at synge om Jesus i vores agnostiske dagligstue

i stedet skulle alle tage en sang med i ti kopier
derefter ville sangene blive sat i rotation

da højtiden kom, havde jeg glemt alt om vores aftale
og printede kopier af den første sang jeg kunne finde

familien taler stadig om dengang vi dansede rundt
om juletræet, mens vi sang Botan Anna.

WOODSHACK

Der er ikke nogen regler i Kulhas Woodshack
scenen er ikke en scene, og publikums rækkerne
er slidte sofaer, himmelsenge og taburetter

der ligger et par i sengen og ser på en ung mand
han stemmer nervøst sin guitar
damen før ham spillede harpe

boybands og jazzsangerinder kæmper om den
åbne mikrofon i downtown Los Angeles, mens
det hele bliver sendt live over nettet.

HALVFEMSERNE

Jeg sætter mig i en gul taxa og surfer radio
mens oliepumper og skyskrabere stryger forbi
jeg er alene i landet lavet af mælk og honning
men uden glas og franskbrød til at nyde buffeten

Jeg er til en havefest med Wesley Snipes
stikker hovedet ud af taget på en limousine
på vej til en fest i Brooklyn, hvor ejeren har et
nøgent selvportræt hængende på væggen

Da vi kommer tilbage til hotellet
bliver morgenmaden kørt ind, mens solen
står op. Remee og Jimmy Ray spiller guitar
mens jeg trommer på en skraldespand.

OPLÆSNING

Frederiksberg Have er fyldt med poeter
som egern i New York, kravler de op af træerne
med krøllet papir og forsmåede følelser
læser de højt for barnevogne og par hånd i hånd.

ONLINE

Drikker morgenkaffe i New York
mens jeg mixer en plade i Nord Vest
You gotta love that Internet.

UNDSKYLD

Det sker hver gang vi mødes
brændbare ovale skiver spejler
lyset rundt i lokalet
blander sig med udsagn som:
det er kun en demo
vokalen er en ghost
strygerne er ikke klippet
trommerne for høje
vi er lige gode om det.

PORTRÆT

Sætter capo på hendes hals
diskuterer om noget kan have en sjæl

det hårdt at føde andres børn
og ikke være med på familie billedet.

NATTERGAL

Trommer distræt på et postkort fra Als
at skrive en symfoni, at starte et nyt parti

sang er kun en ringe efterligning af nattergalen
vindens susen og vandets spejlæg der milkshaker.

Min værste frygt er at dø i en bilulykke
mens de spiller en dårlig sang i radioen.

TOURBUS

Køre over Carl Nielsens Fyn
mens jeg trommer med en Chicken drumstick

jeg er kapelmesteren i mit eget liv
opfinder af et musikalsk dykkersprog

pigen spiller sitar i et band med to guitarister
hun sidder i skrædderstilling på et cafébord

bassen får vinduerne til at ryste
og helbreder vores tømmermænd.

ENTRÉ

Live musik eksisterer kun i det øjeblik det bliver
fremført, og aldrig på den samme måde to gange

det er i virkeligheden det som koster knaster
og så gider man jo ikke stå med jakken i hånden

der skal også drikkes fadøl, ryges på balkonen
og pigerne kigger jo ikke på sig selv

kun en ting er stensikkert
free jazz er ikke gratis.

SÆTLISTEN

De sidder i baglokalet mens forhallen fyldes
drikker rød Tuborg og snakker om turen
den hullede vej, og kantinedamen på færgen
frikadellerne der smagte som mor lavede dem
af helvede til

De tager tilløb og tager fat på det uundgåelige
hvilken rækkefølge sangene skal spilles i?
andre bands planlægger hvert et sekund
mærker spillestedet før de bestemmer sig
nogen ændrer numre panisk undervejs.

GÅSEHUD

Hendes ryg er smukkere end de flestes frontparti
kun afbrudt af en polyfonisk Midi tone, der rejser
gennem kabler med minimal forsinkelse

Mund møder mundstykke, blæses op
energien strømmer ud som en susen i øret
gåsehud lister ind og sætter sig på rækkerne

Ørsted mente at musikkens skønhed
ikke kan skilles fra dens form, men
i aften har den sit helt eget magnetiske felt.

KOMPONIST

Når jeg komponerer
overtager musikken min krop
Når jeg komponerer
ser jeg mine følelser svæve væk
Når jeg komponerer
glemmer jeg akkorderne dagen efter
Når jeg komponerer
taler instrumenter til mig
Når jeg komponerer
høre jeg effekter inde i mit hoved
Når jeg komponerer
kommer teksten af sig selv
Når jeg komponerer
komponerer jeg.

PROCENTER

Der opstår altid grådighed
i en %'del af skabelsen

vi kan være nok så enige
og bagefter slås om %'erne

selvom man deler kagen efter
alle der var %-vis til stede

men det er aldrig %-erne
der afgør om sangen er god.

VUGGE

Når børnene står op spiller jeg guitar
mens de synger om det de har drømt

"Se der er en fugl."
"Ja. Det er der minsandten, drik nu din saftevand."

hun gemmer traktoren under blusen
så ingen af de andre børn kan få fat i den.

BACKUP

Sangskatte forsvinder fra magnetiske bånd
gamle Revox ruller smuldrer op i pengeskabe

fortidens toner siver ud af vores hænder
nu lagrer vi vores rundgange i hardcases

elektroniske knas overlever utallige kompressioner
det er forfærdeligt at føle digitalt tab

noget man har jagtet, er pludselig væk
og man ved at det er umuligt at genskabe.

VÅGEBLUS

Skriver et par ord og går ud og tænder blusset
komfuret og musikken hænger sammen

den forreste gryde er den ret jeg skal servere om lidt
smager til med peber så det bobler på papiret

bagved står en anden gryde og simrer med idéer
jeg står op hver dag og holder dem i kog

purerer og lader sovsen trække
tænder ordene og åbner ovnen.

Der er en hveps i indspilningsboksen
nu har jeg også optaget lyden af død.

MÅLSTREG

Vi er nået dertil hvor had
er en vigtig del af processen
der er altid noget der ikke virker

lige før mål forvandles al kærlighed
til søjler af afskyelighed, udpenslet i
uenighed om arrangementer og vokal udtryk

de værste sider af vores egoer spiller bold
mens vi diskuterer det uforklarlige
som vi begge kan høre.

NETVÆRK

Puds falder fra loftet. Ringbanen ryster ruderne
man kan næsten smage Grøndal i kaffen
de andre stemmer instrumenter
mens jeg hiver kabler op af min gigbag

Trompetisten trutter at han lige har mødt
Miles Davis' blæsergruppe. Bassisten spillede
hos frimurerne og blev smuglet ind af sidedøren
det eneste jeg kan tilbyde er trådløst netværk.

TÆPPEFALD

Keyboardet indspilles med attitude
spredte ben og lukkede øjne

tangenterne må ikke være vægtede
neglene bør være bidt ned

det final countdown
nu eller aldrig.

PLANER

Plan B er inkorporeret under plan A
siger jeg ind i mikrofonen på en højskole

det værste ved at have en backup plan
er at man kommer til at bruge den

åbningsnummeret på andet sæt diskuteres
den akademiske luft har overtaget vores lunger

vi går på scenen og venter på stilheden
så skifter vi instrumenter og improviserer.

SUCCES

Flere hænder skal jeg bruge, for at tælle alle de
gange jeg har set mennesker tæt på deres mål
med en fod over målstregen og succes i sigte
kun for at vende om, og løbe den anden vej.

BUFFERING

De downloader ulovligt musik
jeg downloader ulovlige plugins
never ending music story.

FADE

Produceren er løbet tør for muligheder
nogle gange er det eneste udvej
musik kunne forsætte i al evighed
hvis der aldrig blev fadet ud.

ENCORE

Hvad der er nålen i høstakken
ved hverken nålen eller høet

evigt skiftende, mest støjende
kopieret af noget godt eller godt kopieret

På min orkestergrav skal der stå:
ekstra nummer.

Ekko …

Ekko ...

Ekko ...